Vamos a hacer tacos

por Carla Golembe

traducido por Esther Sarfatti

Bebop Books
An imprint of LEE & LOW BOOKS Inc.

Agarra una tortilla.

Ponle los frijoles.

Ponle el tomate.

Ponle el pimiento.

Ponle el queso.

Ponle la salsa.

¡Listo para comer!